Rolf Zuckowski · Julia Ginsbach

Bunte Liedergeschichten

Kommt, wir woll'n Laterne laufen

Gerstenberg Verlag

Sommerkinder fangen Sonnenstrahlen
und hüten sie wie ihren größten Schatz.
Doch wenn die Tage kürzer werden,
ist es bald soweit,
dann bringen sie uns Licht und Wärme
in die Dunkelheit.

Kommt, wir woll'n Laterne laufen,
zündet eure Kerzen an!
Kommt, wir woll'n Laterne laufen,
Kind und Frau und Mann.

Kommt, wir woll'n Laterne laufen,
das ist unsre schönste Zeit.
Kommt, wir woll'n Laterne laufen,
alle sind bereit.

Hell wie Mond und Sterne
leuchtet die Laterne
bis in weite Ferne
übers ganze Land.

Jeder soll uns hören,
kann sich gern beschweren:
»Diese frechen Gören,
das ist allerhand!«

Kommt, wir woll'n Laterne laufen,
heute bleibt das Fernsehn aus.
Kommt, wir woll'n Laterne laufen,
keiner bleibt zu Haus.

Kommt, wir woll'n Laterne laufen,
nein, wir fürchten nicht die Nacht.
Kommt, wir woll'n Laterne laufen,
das wär doch gelacht.

Hell wie Mond und Sterne
leuchtet die Laterne
bis in weite Ferne
übers ganze Land.

Jeder soll uns hören,
kann sich gern beschweren:
»Diese frechen Gören,
das ist allerhand!«

Kommt, wir woll'n Laterne laufen,
bis das letzte Licht verglüht.
Kommt, wir woll'n Laterne laufen,
singt mit uns das Lied:

Hell wie Mond und Sterne
leuchtet die Laterne
bis in weite Ferne
übers ganze Land.

Jeder soll uns hören,
kann sich gern beschweren:
»Diese frechen Gören,
das ist allerhand!«

Kommt, wir woll'n Laterne laufen, Kind und Frau und Mann.
Kommt, wir woll'n Laterne laufen, alle sind bereit.
Kommt, wir woll'n Laterne laufen, keiner bleibt zu Haus.
Kommt, wir woll'n Laterne laufen, das wär doch gelacht.
Kommt, wir woll'n Laterne laufen, singt mit uns das Lied:

Refrain

Hell wie Mond und Sterne, leuchtet die Laterne
Jeder soll uns hören, kann sich gern beschweren:

bis in weite Ferne übers ganze Land.
»Diese frechen Gören, das ist allerhand!«

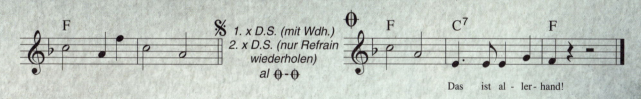

1. x D.S. (mit Wdh.)
2. x D.S. (nur Refrain wiederholen)
al ⊕-⊕

Das ist al-ler-hand!

In der Reihe *Bunte Liedergeschichten* sind bisher neun Bilderbücher erschienen:
- Tip Tap
- Nasenküsse
- In der Weihnachtsbäckerei
- Stups, der kleine Osterhase
- Immer wieder kommt ein neuer Frühling
- Oma liebt Opapa
- Kommt, wir woll'n Laterne laufen
- Ich hab mich verlaufen
- Ein Schmetterling im Tannenbaum

Im Frühjahr 1998 erscheinen:
- Nackidei
- Wenn der Sommer kommt
- Kinder brauchen Träume

Alle Liedergeschichten gibt es auch auf MC und CD:
12 Bunte Liedergeschichten
Rolf Zuckowski und seine Freunde
Polydor/Musik für Dich
MC   Best.-Nr.: 3-8067-9008-6
CD   Best.-Nr.: 3-8067-9009-4

Rolf Zuckowski, geboren 1947 in Hamburg, studierte Betriebswirtschaft. Seine Musikerlaufbahn begann er mit Rock-Songs, später schrieb er volkstümliche Lieder für bekannte Schlagersänger. Seit 1977 komponiert und singt er Kinderlieder und ist mit *Rolfs Vogelhochzeit* und *Rolfs Schulweg-Hitparade* einem breiten Publikum bekannt.

Julia Ginsbach, geboren 1967 in Darmstadt, studierte Musik, Kunst und Deutsch an der Pädagogischen Hochschule Heidelberg. Sie hat zahlreiche Kinderbücher illustriert.

Gesetzt nach den ab 1998 gültigen Rechtschreibregeln
Copyright © 1997 Gerstenberg Verlag, Hildesheim
Copyright des Liedes © 1988 Musik für Dich Rolf Zuckowski OHG, Hamburg
Notensatz von Michael Gundlach, Hamburg
Alle Rechte vorbehalten
Satz aus der Times bei Gerstenberg Druck, Hildesheim
Gedruckt und gebunden durch Graficromo, Cordoba
Printed in Spain
ISBN 3-8067-4214-6

97 98 99 00 01   5 4 3 2 1